CONTES SOPHRO

10 Histoires apaisantes pour prendre confiance

BIENVENUE...

...dans un monde où l'imagination rencontre la relaxation.

Ce livre, conçu avec amour et attention, est un recueil de contes sophrologiques destiné à aider vos enfants à trouver le calme, la confiance en soi et à s'endormir paisiblement.

À travers ces histoires magiques et inspirantes, vos enfants rencontreront des personnages et des mondes fantastiques, chacun leur enseignant des techniques douces et efficaces pour gérer leurs émotions, calmer leur esprit et relaxer leur corps.

Comment ce livre fonctionne ?

Ce livre combine des récits captivants avec des exercices de sophrologie à la fin de chaque histoire, guidant les enfants vers la détente et la confiance en soi. Les aventures entraînent les jeunes lecteurs à la découverte de techniques de respiration, de yoga, et de relaxation, enseignées par les personnages.

Après le dénouement de chaque conte, un exercice spécifique, lié aux événements de l'histoire, est présenté, permettant aux enfants de pratiquer seuls et d'appliquer ces outils de bien-être dans leur vie quotidienne.

Ainsi, le livre encourage l'autonomie émotionnelle des enfants, en leur offrant des stratégies concrètes pour naviguer dans le monde avec plus de sérénité.

Bienvenue Parents et Enfants, dans ce monde de rêves...

Sommaire...

L'aventure de Lila dans la forêt enchantée

Dans le charmant village entouré de collines verdoyantes, Lila, une petite fille rêveuse, observait les couleurs du ciel au coucher du soleil.

Ce soir-là, une mélodie étrange s'éleva de la forêt, captivant Lila. Poussée par la curiosité, elle s'aventura dans la forêt, où les ombres dansaient et les feuilles chuchotaient.

Soudain, elle se retrouva face à une brume épaisse, perdant alors son chemin.

La Rencontre avec Flutter

Alors que Lila commençait à s'inquiéter, elle rencontra Flutter, un papillon aux ailes scintillantes. Il se présenta comme le gardien de la forêt et proposa de l'aider à trouver son chemin.

En échange, il l'invita à découvrir les secrets de la nature. Ils parcoururent un sentier bordé de fleurs luminescentes, et Flutter enseigna à Lila l'importance de la respiration. Assise près d'un ruisseau, elle apprit à harmoniser sa respiration avec le murmure de l'eau, trouvant paix et clarté à chaque souffle.

La Leçon de Résilience

Flutter mena Lila à un vieux chêne, où un écureuil espiègle leur barra le chemin, les défiant de passer. Flutter expliqua que c'était une épreuve pour apprendre la résilience.

Lila, se rappelle alors les leçons de respiration, resta calme et respira profondément.
Elle trouva alors une solution pacifique, offrant à l'écureuil une noix qu'elle avait dans sa poche. Impressionné, l'animal les laissa passer, enseignant à la petite fille la valeur de la patience et de la gentillesse.

Le Retour à la Maison

Après cette aventure, il était temps pour Lila de rentrer chez elle. Flutter l'accompagna à l'orée de la forêt, lui rappelant qu'elle pouvait toujours retrouver la sérénité de la forêt en se souvenant de ses leçons.

Elle rentra chez elle, transformée par son aventure, emportant avec elle un sentiment de connexion avec la nature et une nouvelle approche de ses émotions.

Chaque nuit, elle s'endormait en se rappelant les leçons du ruisseau et les danses des papillons, rêvant de forêts enchantées.

Exercice "La Respiration de la Forêt"

Pour commencer, trouve un petit coin tranquille où tu peux t'asseoir confortablement ou t'allonger. Ferme doucement tes yeux si tu le veux.

Imagine que tu es dans une belle forêt pleine de magie, comme Lila. Autour de toi, il y a des arbres très hauts et un petit ruisseau qui chante doucement. Tu sens l'air frais sur ta peau.

Prends une grande inspiration par le nez et imagine que tu respires tout l'air pur de la forêt.
Maintenant, souffle lentement par la bouche, comme si tu soufflais sur une plume très légère pour la faire danser dans l'air.

Encore une fois :

Inspire profondément et pense à tous les arbres autour de toi. Ils sont calmes et forts.
Expire doucement, en te sentant de plus en plus relaxé, comme un petit ruisseau qui coule sans se presser.

Flutter, le papillon aux ailes scintillantes, vient se poser près de toi. Il te dit que chaque fois que tu respires calmement, tu peux te sentir aussi léger et joyeux qu'un papillon.

Doucement, commence à bouger tes doigts de pieds et tes mains.
Quand tu veux, ouvre les yeux. Tu es de retour de la forêt magique, mais tu te sens toujours calme et heureux.

Bravo ! Tu viens de faire un beau voyage avec Lila et Flutter. Tu peux revenir dans cette forêt magique chaque fois que tu respires profondément et calmement.

Le voyage de Milo dans les nuages

Dans son petit village, Milo, un jeune garçon aux yeux brillants de curiosité, passait ses journées à observer le ciel. Un soir, un nuage moelleux et accueillant attira son attention. Il semblait l'inviter à une aventure dans les cieux.

Allongé dans l'herbe, Milo ferma les yeux, respirant calmement, et commença à imaginer qu'il s'élevait vers ce nuage. Il se sentit léger, comme porté par une brise douce, s'élevant alors doucement dans les airs.

L'Ascension et la Tempête

Alors que Milo flottait sereinement sur son nuage, une tempête soudaine éclata, transformant son voyage paisible en une aventure tumultueuse.

Les vents violents secouaient son nuage, et les éclairs déchiraient le ciel.

Pris de panique, Milo se souvint de la technique de respiration .
Concentré, il respirait au rythme des éclairs, trouvant un calme inespéré au cœur du chaos.
Sa respiration apaisée semblait influencer les orages.
Grâce à sa maîtrise et à sa concentration, Milo transforma la peur en tranquillité, naviguant habilement à travers la tempête.

Quand le calme revint, il réalisa qu'il avait appris une leçon précieuse : même dans la tourmente, la paix intérieure était à portée de respiration.

Rencontres Magiques dans les Nuages

Naviguant parmi dans le ciel, Milo rencontra un nuage sage et argenté qui lui proposa d'apprendre une technique de méditation. "Imagine un lieu paisible," murmura le nuage. "Une forêt calme ou une plage tranquille."
Le petit garçon ferma les yeux et visualisa une plage avec des vagues douces.

"Respire profondément," continua le nuage. "Inspire l'air frais de ce lieu et expire tes soucis." Milo respira au rythme des vagues, chaque inspiration le remplissant de calme et chaque expiration libérant ses inquiétudes.

Il se sentit plus connecté à la nature, son esprit devenant aussi vaste et paisible que le ciel autour de lui. Cette pratique simple mais puissante lui apprit à trouver la paix intérieure où qu'il soit.

Le voyage dans les nuages touchait à sa fin. Le nuage sage rappela à Milo que les leçons apprises resteraient avec lui sur terre. Descendant doucement, Milo sentit la chaleur du monde réel l'envelopper.

De retour chez lui, il se glissa dans son lit, les enseignements des nuages gravés dans son esprit. Il savait désormais qu'il pouvait toujours trouver la paix et la sérénité en se souvenant de son incroyable voyage.

Exercice : Voyage dans les Nuages avec Milo

Pour commencer:

Trouve un endroit calme où tu peux t'allonger ou t'asseoir confortablement. Tu peux fermer les yeux si tu le souhaites.
Respirons ensemble:

Inspire profondément par le nez, comme si tu voulais sentir l'odeur de ton gâteau préféré. Remplis bien ton ventre d'air.

Expire lentement par la bouche, comme si tu soufflais sur une dandelion pour envoyer ses graines dans le vent. Fais cela trois fois pour te sentir plus calme et détendu.
Imaginons:

Imagine que tu es comme Milo, allongé sur un nuage très doux et moelleux. Ce nuage peut être de la couleur que tu aimes le plus. Sentez-le te soulever doucement vers le ciel. Autour de toi, c'est calme et paisible.

Voyageons: Pendant que tu es sur ton nuage, regarde le monde en dessous. Les maisons semblent toutes petites, comme des jouets. Tu vois des arbres, des champs, et peut-être même une rivière qui brille au soleil.

Respire profondément et sens le vent doux caresser ton visage. Le soleil te réchauffe gentiment.

Rencontrons un nuage sage:

Un nuage très spécial, doux et argenté, s'approche de toi. Il a l'air très sage et gentil. Il te dit: "Respire profondément et laisse la paix du ciel te remplir. Avec chaque respiration, laisse partir tes soucis."

Imagine que chaque fois que tu inspires, tu te remplis de la tranquillité du ciel bleu. Et quand tu expires, tu laisses partir tout ce qui te tracasse.

Retournons à la maison:

Doucement, ton nuage commence à descendre. Tu te rapproches de chez toi, te sentant heureux et tranquille.

Quand tu es prêt, ouvre doucement les yeux. Tu es de retour, allongé ou assis là où tu as commencé, mais tu te sens différent, plus calme et détendu, comme Milo après son voyage.

N'oublie pas, chaque fois que tu te sens triste ou inquiet, tu peux fermer les yeux et revenir sur ton nuage. Il est toujours là pour toi, dans ton imagination, pour te porter et te réconforter.

La quête de Sara pour le cristal apaisant

Dans un village tranquille, au sein d'une chaîne de montagnes majestueuses, vivait une jeune fille nommée Sara.
Sara était connue pour son esprit aventureux et sa curiosité sans limite. Un jour, elle entendit les anciens du village murmurer l'histoire d'un cristal magique caché dans les montagnes.

Ce cristal, appelé le "Cristal Apaisant", était réputé pour sa capacité à apporter la paix intérieure à celui qui le possédait.

Intriguée par ces légendes, Sara décida de partir à sa recherche. Elle imaginait déjà le cristal scintillant, brillant d'une lumière apaisante. Après avoir préparé son sac avec tout le nécessaire pour son voyage, elle se dirigea vers les montagnes, le cœur battant d'excitation.

Elle savait que le voyage ne serait pas facile, mais son désir de découvrir le cristal et ses secrets la motivait.

La rencontre avec le Sage

En grimpant la montagne, Sara rencontra un sage qui partagea avec elle le secret de l'équilibre intérieur. Il lui montra comment se tenir debout, les pieds enracinés au sol, et respirer profondément en levant les bras vers le ciel, puis se pencher doucement en expirant. "Chaque mouvement t'aide à te connecter avec la nature et trouve la paix en toi," expliqua-t-il.

Après avoir remercié le sage, Sara continua son voyage, méditant sur les leçons apprises et se sentant déjà plus sereine.

La Forêt de l'Équilibre

Le voyage de Sara la mena ensuite dans une forêt dense, où les arbres semblaient toucher le ciel.
L'air y était frais et embaumé de l'odeur des pins et de la terre humide.

Dans cette forêt, chaque pas était un défi. Les racines entrelacées et les pierres glissantes mettaient à l'épreuve l'équilibre et l'agilité de Sara.

Se rappelant des leçons du sage, Sara se concentra sur sa respiration et ses mouvements.
Elle avançait prudemment, faisant attention à chaque pas, utilisant les postures apprises pour maintenir son équilibre.

Au fur et à mesure qu'elle progressait, Sara se sentait de plus en plus connectée à la forêt. Elle écoutait le bruissement des feuilles, le chant des oiseaux, et le murmure du vent.

La Caverne Mystérieuse

Après avoir traversé la forêt, Sara arriva devant une grande caverne dont l'entrée était ornée de cristaux étincelants. Elle ressentit un mélange d'excitation et d'appréhension en s'approchant de l'entrée.

La caverne était sombre et silencieuse. Sara avança lentement. Elle se rappela de rester concentrée et calme, utilisant la respiration profonde pour surmonter la peur.

À l'intérieur de la caverne, Sara rencontra des défis qui testaient non seulement son équilibre physique mais aussi son équilibre émotionnel. Il y avait des passages étroits et des pentes glissantes. Chaque défi la rendait plus forte, plus confiante en ses capacités.

Elle sentait qu'elle se rapprochait du but de sa quête, prête à découvrir le mystérieux Cristal Apaisant.

La découverte du cristal,

Au cœur de la caverne mystérieuse, Sara trouva une chambre secrète illuminée par une lumière douce. Il était là, le Cristal Apaisant, brillant de mille feux et reflétant des couleurs paisibles.

En touchant le cristal, Sara ressentit une incroyable sensation de paix. Elle réalisa que sa vraie quête était d'apprendre à trouver le calme en elle-même, pas seulement de trouver le cristal.

Elle comprit qu'elle avait grandi et appris beaucoup lors de son aventure.
Après avoir remercié le cristal pour sa sagesse, Sara retourna au village, se sentant transformée. Elle partagea son histoire, enseignant aux autres que le vrai trésor était la paix qu'elle avait trouvée en elle-même.

Exercice : Trouver le Cristal Apaisant en Soi

Préparation:

Trouve un endroit tranquille où tu peux être à l'aise, assis ou allongé. Si tu veux, tu peux fermer les yeux pour mieux imaginer.

Respirons calmement:

Respire lentement: Inspire profondément par le nez, imagine que tu es en train de sentir l'air frais des montagnes.

Gonfle ton ventre d'air comme un ballon.

Expire doucement: Souffle par la bouche, imagine que tu es en train de souffler sur un cristal pour le faire briller.

Imaginons le voyage:

Pense que tu es Sara, débutant ta quête pour trouver le Cristal Apaisant. Imagine-toi marchant vers les montagnes, sentant sous tes pieds le chemin de terre et d'herbes.

Rencontre avec le sage: Imagine maintenant que tu rencontres un sage. Il te montre comment rester debout, solide comme un arbre, les pieds bien plantés dans le sol. Lève tes bras au ciel comme si tu pouvais toucher les nuages, et respire profondément

.

Traversée de la forêt:

Tu entres dans une forêt dense. Chaque pas est sûr et mesuré. Sens l'équilibre de ton corps alors que tu te frayas un chemin à travers les arbres, les racines et les pierres.

Au plus profond de la caverne, tu trouves le Cristal Apaisant. En le touchant, une sensation de paix t'envahit. Respire profondément, laisse cette paix remplir chaque partie de toi.

Retour:

Doucement, prépare-toi à revenir. Respire encore une fois profondément, et quand tu es prêt, ouvre doucement les yeux.

Pense à ce voyage chaque fois que tu te sens agité ou inquiet. Souviens-toi que comme Sara, tu as trouvé le cristal apaisant en toi, et tu peux toujours revenir à cette sensation de paix.

Cet exercice aide à se sentir calme et serein, en utilisant l'imagination pour se connecter avec les sensations de paix et d'équilibre intérieur. Il est parfait à faire avant de dormir, ou à tout moment où l'on a besoin de se sentir plus tranquille.

Le jardin secret d'Émilie

Dans un petit village entouré de collines verdoyantes, Émilie, une fille à l'esprit curieux, aimait explorer les environs. Un jour, alors qu'elle se promenait le long d'une haie dense près d'un vieux chemin, elle remarqua une petite porte en bois, à moitié cachée par des lierres et des fleurs sauvages.
Poussée par la curiosité, Émilie ouvrit doucement la porte et découvrit un jardin secret.

Ce jardin était comme un tableau vivant, plein de couleurs vives et de parfums envoûtants. Des papillons dansaient d'une fleur à l'autre, et des oiseaux chantaient dans les arbres.

Émilie se sentait comme si elle avait pénétré dans un monde magique, un lieu hors du temps où chaque élément de la nature était en parfaite harmonie. Elle décida de s'aventurer plus loin, impatiente de découvrir tous les secrets que ce jardin cachait.

La Rose et la Respiration Parfumée

Dans le jardin secret, Émilie fut captivée par un rosier aux fleurs écarlates. Près de lui, elle fut enveloppée d'un parfum enivrant.

Une rose lui parla doucement, lui enseignant la respiration parfumée. "Respire profondément le parfum des roses, laisse-le t'apaiser," dit la rose. Émilie respira l'arôme des roses, sentant une vague de tranquillité l'envahir. Avec chaque expiration, elle imaginait libérer ses soucis.

La rose lui expliqua que ce simple exercice l'aiderait toujours à trouver la paix. Émilie continua sa promenade dans le jardin, se sentant plus détendue et sereine grâce à cette technique de relaxation.

Le Chêne et la Méditation

Poursuivant sa découverte, Émilie arriva près d'un vieux chêne majestueux. L'arbre, avec sa voix profonde et apaisante, invita Émilie à apprendre l'art de la méditation.
"Ferme les yeux et écoute les sons de la nature. Laisse-les te guider vers la paix intérieure."
Émilie s'assit, les jambes croisées, et ferma les yeux.

Elle prit conscience du chant des oiseaux, du bruissement des feuilles et du murmure lointain de l'eau. En se concentrant sur ces sons, elle commença à se sentir détachée de ses soucis quotidiens, entrant dans un état de sérénité profonde.
Le chêne lui enseigna également à se concentrer sur sa respiration, à observer le mouvement de l'air entrant et sortant de ses poumons.
Après un moment, Émilie ouvrit les yeux, se sentant apaisée et revitalisée.

Le Jardin dans le Cœur

Alors que le soleil commençait à se coucher, teintant le ciel de couleurs chaudes, Émilie s'assit sur un banc en pierre, réfléchissant à son expérience dans le jardin secret.

Émilie comprit que, bien que le jardin fût un lieu magique, la vraie magie résidait en elle. Les techniques qu'elle avait apprises n'étaient pas limitées à ce jardin, elles pouvaient l'accompagner partout.

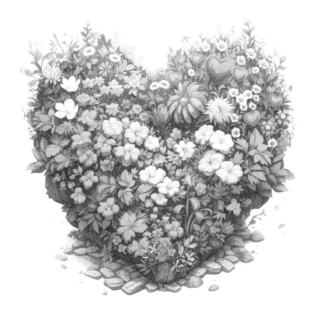

Avec un cœur empli de gratitude, Émilie se leva et quitta le jardin. Elle savait qu'elle reviendrait, mais elle savait aussi qu'elle portait désormais un peu de ce jardin avec elle, dans son cœur et dans son esprit.

Exercice : Ton Jardin Secret

Préparation:
Trouve un endroit où tu te sens bien et en sécurité. Tu peux t'asseoir ou t'allonger. Ferme les yeux si tu le souhaites.

Respirons avec la rose:
Inspire doucement en imaginant l'odeur des roses les plus douces et les plus parfumées.
Expire lentement, en pensant à libérer tout ce qui te pèse ou te tracasse, tout comme Émilie l'a fait dans le jardin.

Méditons avec le chêne:
Imagine-toi assis sous un grand chêne. Ses branches fortes te protègent et t'offrent de l'ombre. Écoute les sons autour de toi : le chant des oiseaux, le bruissement des feuilles, le murmure du vent.

Concentre-toi sur ta respiration, en te sentant aussi solide et paisible que le chêne. Avec chaque inspiration, absorbe la force et la tranquillité de l'arbre. Avec chaque expiration, laisse aller tes soucis.

Trouvons l'équilibre avec le lys:
Debout, les pieds bien ancrés au sol, imagine-toi aussi élégant et stable qu'un lys dans le vent.

Respire calmement, sentant ton corps droit et souple. Imagine que tu es capable de rester stable et en équilibre, peu importe ce qui t'entoure.

Le Jardin dans ton cœur:
Pense à ton propre jardin secret, un lieu magique à l'intérieur de toi, plein de couleurs, de sons, et de parfums qui te rendent heureux et serein.
Chaque fois que tu respires, imagine que tu y entres. Ce jardin est toujours là pour toi, t'offrant paix et tranquillité, peu importe où tu es.

Pour finir:
Doucement, quand tu es prêt, ramène ton attention au moment présent. Bouge un peu les mains et les pieds, et ouvre les yeux.

Ce voyage dans ton jardin secret peut t'aider à te sentir calme, en paix, et à trouver ton équilibre intérieur. Comme Émilie, tu peux revenir à cet exercice chaque fois que tu cherches du réconfort ou un moment de tranquillité

Le trésor caché de Max

Dans un petit village logé entre des collines verdoyantes, Max, un garçon intrépide et rêveur, passait beaucoup de temps à explorer les alentours.

Un jour pluvieux, alors qu'il jouait dans le grenier de sa grand-mère, il trouva une carte ancienne et mystérieuse. Elle était jaunie par le temps, avec des dessins de paysages lointains et, au centre, une croix marquée du mot "Trésor".
Max, les yeux brillants, se mit à imaginer les aventures fabuleuses qui l'attendaient.

Il décida de partir à la recherche de ce trésor caché, muni de la carte et de son courage. Convaincu qu'une grande aventure l'attendait, il prépara un petit sac avec tout le nécessaire pour son voyage.

Le lendemain matin, Max se lança sur les traces du trésor. Il traversa les champs dorés et pénétra dans une forêt dense.
Son cœur battait fort dans sa poitrine, plein d'espoir et d'excitation pour les mystères à venir.

La Forêt des Émotions

Max, marchant sous les grands arbres, commença à ressentir un mélange d'émotions : une pointe de peur face à l'inconnu, l'excitation de l'aventure et une légère impatience. Les bruits de la forêt, les craquements des branches et le sifflement du vent amplifiaient ses sentiments.

C'est alors qu'il rencontra un vieux sage, ce dernier dit à Max : "Je vois que tu es en quête d'un trésor, mais le plus grand trésor est la maîtrise de tes émotions."
Le sage montra alors à Max comment pratiquer la relaxation dynamique. "Tends chaque muscle de ton corps, puis relâche la tension," expliqua-t-il. "Imagine que chaque souci s'évapore avec la tension."

Max ferma les yeux et serra les poings, tendant tous ses muscles. Puis, lentement, il relâcha la tension, sentant un sentiment de calme se répandre dans son corps. Il répéta l'exercice plusieurs fois, sentant avec chaque répétition ses peurs s'évanouir.
"La relaxation dynamique te permet de transformer l'énergie de tes émotions en paix et en calme," dit le sage. "Utilise-la chaque fois que tu te sens submergé."

Le Fleuve de la Sérénité

Après avoir quitté la forêt, Max arriva à un large fleuve. Les eaux tumultueuses lui semblèrent infranchissables. Il se sentit d'abord frustré et découragé. C'est alors qu'une libellule, scintillante sous les rayons du soleil, se posa délicatement sur son épaule.

"Max, ressens-tu la colère monter en toi ?" lui demanda-t-elle avec douceur. "La respiration profonde peut t'aider à surmonter cette frustration."

Max suivit les conseils de la libellule et prit de longues et profondes inspirations. Il se concentra sur le rythme de sa respiration, sentant son cœur se calmer et son esprit s'éclaircir. Il trouva le courage et l'ingéniosité pour construire un radeau avec des branches. Grâce à sa respiration maîtrisée, il traversa le fleuve avec confiance et sérénité.

La Montagne de la Détermination

La carte mena ensuite Max à une montagne escarpée. La montée était ardue et semée d'obstacles. Il commença à ressentir la fatigue et le doute et se demandait s'il serait capable d'atteindre le sommet et de trouver le trésor.

C'est alors qu'un aigle majestueux apparut, planant au-dessus de lui. "Max, utilise la puissance de la visualisation positive," conseilla l'aigle.

"Visualise-toi atteignant le sommet. Imagine la réussite et ressens la joie de ta victoire."

Max ferma les yeux et se vit au sommet de la montagne, triomphant. Il ressentit une vague de force et de détermination l'envahir. Revigoré par cette vision, il reprit son ascension, chaque pas le rapprochant de son objectif.

Le Trésor de la Paix Intérieure

Arrivé au sommet de la montagne, Max découvrit enfin le trésor. Mais au lieu d'or ou de pierres précieuses, il trouva un miroir ancien recouvert d'or.

En se regardant dans le miroir, il comprit que le véritable trésor n'était pas matériel. Le trésor était le voyage lui-même et les techniques de relaxation qu'il avait apprises pour gérer ses émotions.

Elles lui avaient permis de trouver la paix intérieure, la force et la confiance en soi. Il redescendit de la montagne, se sentant riche d'une sagesse nouvelle et d'une paix profonde.

De retour chez lui, Max partagea son aventure et ses enseignements avec sa famille et ses amis.

Exercice : Le Voyage de Max pour la Paix Intérieure

Préparation:

Trouve un endroit calme où tu peux t'asseoir ou t'allonger confortablement. Ferme les yeux si tu veux.
La relaxation dynamique avec le sage:

Tension et détente:

Serre les poings très fort, contracte tous les muscles de ton corps. Imagine que tu tiens toute la tension de ton aventure.
Maintenant, relâche tout doucement. Imagine que chaque souci s'envole avec la tension. Répète cela trois fois.

La respiration profonde avec la libellule:

Prends une longue inspiration par le nez, imagine que tu respires la fraîcheur et la tranquillité du fleuve.
Expire lentement par la bouche, comme si tu soufflais sur les eaux pour les calmer. Répète cela trois fois.
La visualisation positive avec l'aigle:

.

Visualisation:

Imagine-toi en train de grimper une grande montagne. Avec chaque pas, tu te sens plus fort et plus déterminé.

Visualise-toi atteignant le sommet, ressens la joie et la fierté d'avoir réussi. Prends un moment pour savourer cette réussite.

Trouver le trésor de la paix intérieure:

Réflexion:

Imagine maintenant que, comme Max, tu trouves un miroir au sommet. En te regardant, tu vois un sourire, le reflet de ta paix intérieure et de ta confiance.

Prends conscience que le véritable trésor est en toi : ta capacité à être calme, fort, et heureux.

Pour finir:

Doucement, quand tu es prêt, ramène ton attention ici et maintenant. Bouge tes mains, tes pieds, et, si tu avais les yeux fermés, ouvre-les lentement.

Cet exercice t'aide à explorer ta force intérieure et ta capacité à transformer les défis en victoires, tout comme Max l'a fait dans son aventure. Tu peux le pratiquer chaque fois que tu te sens submergé ou que tu as besoin d'un moment de calme

Le royaume du sommeil paisible

Dans une petite ville tranquille, Léo, un jeune garçon timide, avait souvent du mal à trouver le sommeil. Chaque nuit, il se tournait et se retournait dans son lit, son esprit rempli de pensées et de questions.

Une nuit, alors que les étoiles scintillaient doucement dans le ciel, une lumière mystérieuse apparut dans sa chambre. C'était une porte brillante, ornée de motifs qui semblaient danser et scintiller.

Poussé par la curiosité, Léo s'approcha de la porte et posa sa main sur la poignée. Avec un léger frisson d'excitation, il l'ouvrit et se trouva transporté dans un monde merveilleux.

Une voix apaisante lui parla : "Bienvenue, Léo, dans le Royaume du Sommeil Paisible. Ici, tu apprendras à calmer ton esprit et à détendre ton corps, pour que chaque nuit, tu puisses glisser doucement dans un sommeil profond et réparateur."

Léo, émerveillé par la beauté du royaume, sentit une vague de sérénité le submerger. Il savait qu'il était sur le point d'entreprendre un voyage magique qui changerait ses nuits pour toujours.

La Vallée de la Respiration Calme

Léo commença son voyage dans la Vallée de la Respiration Calme, un lieu paisible où l'air semblait vibrer d'une énergie douce et apaisante. Une voix calme et mystérieuse se mit à lui chuchoter :

"Pour trouver le sommeil, tu dois d'abord apprendre à calmer ton esprit," dit le souffle.

"La respiration profonde est la clé.

Inspire lentement, remplis ton ventre d'air, puis expire lentement, en imaginant que toutes tes inquiétudes s'évanouissent."

Léo s'allongea sur l'herbe douce, fermant les yeux. Il inspira profondément, sentant son ventre se soulever, puis expira lentement, relâchant chaque pensée et chaque tension.

À chaque respiration, il se sentait plus léger, plus détendu.

"Imagine que chaque respiration est une vague qui te porte plus près du pays des rêves," continua le vent. Léo visualisa les vagues de l'océan.

Après quelques minutes, Léo se releva, se sentant incroyablement calme et apaisé.

Le Jardin de la Détente Musculaire

Léo arriva ensuite dans un magnifique jardin où des fleurs de toutes les couleurs s'épanouissaient sous un ciel étoilé. Chaque fleur dégageait un parfum relaxant et invitait à la détente. Une fleur, plus grande et plus éclatante que les autres, attira son attention. Elle s'ouvrit doucement, révélant un cocon lumineux et douillet.

"Viens, Léo," invita la fleur. "Allonge-toi ici et laisse la détente musculaire te préparer au sommeil." Léo s'allongea dans le cocon, et la fleur lui murmura des instructions pour détendre chaque partie de son corps, des orteils jusqu'à la tête.

 À chaque mot, Léo sentait ses muscles se relâcher, libérant toute tension et lourdeur.

Bercé par le parfum des fleurs et la douceur du cocon, Léo se sentit léger et serein, comme flottant sur un nuage de bien-être.

La Forêt des Rêves Positifs

Après avoir quitté le jardin, Léo s'arrêta sous un grand arbre dont les feuilles scintillaient doucement. L'arbre lui enseigna la visualisation positive. "Imagine un lieu où tu te sens complètement heureux et en sécurité," dit l'arbre.

Léo ferma les yeux et imagina une plage tranquille, avec le doux bruit des vagues en arrière-plan.
Chaque détail de ce lieu imaginaire apportait à Léo un sentiment de joie et de paix, le préparant à des rêves doux et heureux.

Le Palais du Sommeil Profond

Le dernier arrêt de Léo fut le Palais du Sommeil Profond, un endroit merveilleux où le ciel nocturne était d'un bleu profond, parsemé d'étoiles scintillantes. Au centre du palais, un lit moelleux l'attendait, entouré de voiles légers et scintillants.

Léo s'allongea dans le lit et sentit immédiatement une vague de chaleur et de confort l'envahir. La voix douce du royaume lui souhaita une bonne nuit, lui rappelant qu'il pouvait revenir chaque fois qu'il cherchait le sommeil paisible.

Alors que Léo fermait les yeux, il se sentit glisser doucement dans un sommeil profond et réparateur.

Exercice : Voyage au Royaume du Sommeil Paisible

Trouve un endroit confortable où tu peux t'allonger, dans ton lit par exemple. Assure-toi que ta chambre est calme et que la lumière est douce ou éteinte. Ferme les yeux si tu te sens à l'aise avec cela.

La Vallée de la Respiration Calme
Respire profondément: Inspire lentement par le nez, en imaginant que tu respires l'air pur et frais de la vallée. Remplis ton ventre d'air, puis expire lentement par la bouche, en imaginant que tu libères toutes tes inquiétudes et tensions.

Le Jardin de la Détente Musculaire
Relâche tes muscles: Commence par les orteils, imagine que chaque partie de ton corps devient légère et détendue. Passe lentement à tes jambes, ton ventre, tes bras, et jusqu'à ta tête. Avec chaque expiration, imagine que tu te débarrasses de toute tension.

La Forêt des Rêves Positifs

Visualise ton lieu heureux: Pense à un endroit où tu te sens en sécurité et heureux. Cela peut être une plage, une forêt, ou même un endroit imaginaire. Imagine les sons, les couleurs, et les sensations de cet endroit. Respire calmement et laisse cette image remplir ton esprit de joie et de paix.

Le Palais du Sommeil Profond

Prépare-toi à dormir: Imagine que tu es allongé dans un lit incroyablement confortable, entouré de voiles légers et scintillants. Une douce chaleur t'envahit, te faisant sentir en sécurité et aimé.

Reste dans cet état de détente, en te rappelant que tu peux revenir dans ce royaume merveilleux chaque fois que tu en as besoin pour trouver le sommeil. Quand tu es prêt, laisse-toi glisser naturellement dans le sommeil, porté par les sensations de calme et de bien-être.

Cet exercice aide à calmer l'esprit et à détendre le corps, en créant une routine de coucher qui invite au sommeil paisible et réparateur, tout comme Léo a trouvé son chemin vers le royaume du sommeil paisible.

L'Île des Rêves Doux

Dans un paisible village côtier, Lina, une jeune fille rêveuse, découvrit un jour une vieille carte dans le grenier de sa maison.

Elle représentait une île, marquée d'une étoile scintillante et nommée "L'Île des Rêves Doux".

Intriguée par cette découverte et guidée par son amour pour l'aventure, Elle décida de partir à la recherche de cette île mystérieuse.

Alors que le soleil se levait, teintant le ciel de couleurs chaudes, elle leva l'ancre et mit le cap vers l'inconnu. La mer était calme et le vent favorable, comme si la nature elle-même l'invitait à poursuivre son voyage.

Après plusieurs heures de navigation, l'île apparut à l'horizon. Elle était plus magnifique que tout ce que Lina avait pu imaginer : des plages de sable fin bordées de palmiers, des eaux cristallines, et une végétation luxuriante. Lina accosta sur une plage douce, le cœur battant d'excitation à l'idée des merveilles qu'elle allait découvrir.

La Plage de la Respiration Profonde

Lina commença son exploration et arriva sur une plage où l'air semblait vibrer d'une énergie douce et apaisante. C'est là qu'elle rencontra une tortue, au regard bienveillant et à la voix douce. "Bienvenue sur l'Île des Rêves Doux, Lina," dit la tortue. "Je suis ici pour t'enseigner la première technique pour trouver le sommeil paisible : la respiration profonde."

La tortue invita Lina à s'asseoir confortablement sur le sable chaud. "Inspire lentement, en comptant jusqu'à quatre dans ton esprit," expliqua-t-elle. "Retiens ton souffle pendant ce temps, puis expire doucement, toujours en comptant jusqu'à quatre."
Lina suivit les instructions, sentant l'air frais remplir ses poumons et le calme l'envahir. "Imagine que chaque respiration t'apporte la paix de l'île et que chaque expiration éloigne tes soucis," ajouta la tortue.

Lina se concentra sur sa respiration, sentant avec chaque souffle une plus grande sérénité l'envahir.
Après avoir pratiqué cette technique, Lina se sentit incroyablement apaisée et reconnaissante.

La Baie du Souffle de la Vague

Lina poursuivit sa quête et arriva dans une baie où les vagues caressaient doucement le rivage.

Ici, elle rencontra un dauphin qui jouait dans les eaux claires.

Le dauphin, nommé Delphi, s'approcha et dit : "Lina, laisse-moi te montrer comment la respiration peut être aussi douce et rythmée que les vagues."

Delphi enseigna à Lina à observer les vagues et à synchroniser sa respiration avec leur mouvement. "Inspire quand la vague monte, et expire quand elle redescend," conseilla Delphi.

Le rythme régulier des vagues et la respiration coordonnée remplirent Lina d'une paix profonde, faisant écho au rythme naturel de la nature.

La Crique du Souffle Alterné

Après avoir remercié Delphi, Lina se dirigea vers une crique cachée, ornée de coquillages et de coraux. Ici, elle rencontra un perroquet coloré nommé Polly, qui gazouillait joyeusement.

"Lina, je vais t'apprendre une technique spéciale : la respiration alternée. Elle t'aidera à équilibrer ton esprit," dit Polly..

Polly guida Lina à travers la technique : boucher une narine, inspirer par l'autre, puis changer de narine pour l'expiration. Lina s'exerça, et à chaque cycle de respiration, elle ressentit une harmonie croissante entre les deux côtés de son corps et de son esprit.

Le Sommet de la Sérénité

Le dernier arrêt de Lina fut le sommet de l'île, un endroit où le ciel nocturne s'étendait infiniment au-dessus d'elle, scintillant d'étoiles. Là, elle s'allongea sur l'herbe douce, respirant l'air frais de la nuit.

Elle combina les techniques apprises : la respiration profonde, le souffle des vagues, et la respiration alternée. En harmonie avec les éléments de l'île, Lina se laissa envelopper par la nuit étoilée.

Dans ce moment de calme absolu, Lina se sentit prête à plonger dans un sommeil profond et réparateur. Elle ferma les yeux, emportée par les enseignements de l'île, et glissa paisiblement dans un monde de rêves doux et apaisants.

Exercice : Voyage sur l'Île des Rêves Doux

Trouve un endroit tranquille où tu peux t'asseoir ou t'allonger confortablement. Imagine que tu es sur une plage douce, sous un ciel étoilé.

La Plage de la Respiration Profonde:
Inspire lentement par le nez, en comptant jusqu'à quatre, imagine l'air frais de l'île te remplir de calme.
Retiens ton souffle un instant.
Expire doucement par la bouche, en comptant jusqu'à quatre, imaginant tes soucis s'éloigner avec le souffle.

Imagine que chaque respiration te rapproche de la paix de l'île, et chaque expiration éloigne tes pensées agitées.
La Baie du Souffle de la Vague:

Synchronise ta respiration avec le mouvement des vagues :
Inspire quand la vague monte, imagine l'énergie positive de la mer.
Expire quand la vague descend, ressens la relaxation s'approfondir.

La Crique du Souffle Alterné:

Boucher doucement une narine et inspirer par l'autre.

Changer de narine pour l'expiration.

Pratique cette respiration alternée quelques cycles, ressentant l'équilibre entre les deux côtés de ton corps et de ton esprit.

Le Sommet de la Sérénité:

Combinant les techniques de respiration, imagine-toi allongé sur le sommet de l'île, sous un ciel nocturne scintillant.

Laisse les étoiles te guider vers le sommeil, chaque étoile représentant un souffle calme et apaisant.

Pour finir:

Doucement, lorsque tu te sens prêt, ramène ton attention à l'endroit où tu es.

Bouge légèrement tes mains, tes pieds, et ouvre les yeux si tu les avais fermés.

Cet exercice t'invite à un voyage imaginaire sur l'Île des Rêves Doux, utilisant la puissance de la respiration pour te conduire vers un sommeil paisible et réparateur. Comme Lina, tu peux explorer cet île magique chaque soir pour trouver la sérénité et plonger dans de doux rêves.

Le Voyage de Sam dans les Étoiles

Dans le calme tranquille de la nuit, Sam, un garçon au cœur plein de rêves, regardait les étoiles scintiller dans le ciel sombre. Ses yeux brillaient d'émerveillement à chaque étoile qui clignotait, comme des diamants lointains dans le vaste univers.

Alors que la lune brillait doucement, une lumière mystérieuse apparut dans le jardin de Sam. C'était une navette spatiale, silencieuse et majestueuse, baignée d'une lueur douce et accueillante. La porte de la navette s'ouvrit lentement, révélant un intérieur chaleureux et invitant.

Poussé par la curiosité et un sentiment d'aventure, Sam monta à bord de la navette. Il se sentit enveloppé dans un cocon de douceur et de confort alors que la navette s'élevait doucement, quittant la Terre pour le grand inconnu. Les étoiles semblaient l'accueillir, scintillant encore plus fort, guidant son voyage vers les merveilles de l'espace.

La Rencontre avec les Extraterrestres

Alors que la navette glissait silencieusement à travers l'espace, Sam fut émerveillé par les galaxies lointaines et les nébuleuses dansantes.

Bientôt, il rencontra Zara et Luno, deux amis extraterrestres aux couleurs chatoyantes et aux voix douces comme une mélodie.

Zara et Luno accueillirent Sam avec une gentillesse qui réchauffa son cœur. Ils lui parlèrent de leur planète, un lieu où régnait la paix, l'harmonie et l'équilibre. Les extraterrestres invitèrent Sam à apprendre avec eux les mystères du yoga spatial, un yoga conçu pour apporter équilibre et paix intérieure.

La Découverte du Yoga Spatial

Sur la planète de Zara et Luno, baignée de lumière douce et de sons mélodieux, Sam se sentit immédiatement en paix. Les deux amis le conduisirent dans un jardin où les arbres brillaient de mille feux et où l'air vibrait d'énergie paisible.

"Voici le 'Guerrier de l'Espace'," expliqua Zara, en démontrant une posture forte et stable. Sam l'imita, étendant ses bras et pliant son genou, se sentant fort et confiant. "Et maintenant, la 'Posture de l'Étoile'," ajouta Luno, en se tenant debout avec les bras et les jambes écartés. Sam ressentit une sensation d'équilibre et de concentration en adoptant cette posture.

Le Yoga des Planètes

Dans son voyage à travers le système solaire, Sam découvrit des planètes aux leçons uniques de yoga. Chaque planète lui offrait une posture différente.

Sur Jupiter, la Posture de l'Arbre : Sam apprit la posture de l'arbre, qui enseigne la stabilité et la concentration. "Tiens-toi sur une jambe, place le pied de l'autre jambe sur ton genou ou ta cuisse, et tends tes bras vers le ciel comme des branches," lui expliqua un habitant jovial.

Sur Vénus, la Posture du Papillon : Sur Vénus, la planète de l'amour, Sam apprit la posture du papillon. "Assieds-toi, joins tes pieds et laisse tes genoux tomber sur les côtés," lui indiqua un Vénusien. En flottant doucement ses genoux comme les ailes d'un papillon, Sam ressentit une sensation de paix et d'amour s'étendre dans tout son être.

Chaque posture apportait à Sam un sentiment unique de paix, d'équilibre et de bien-être. Il réalisa que le yoga n'était pas seulement un exercice physique, mais aussi un moyen d'explorer et de connecter son corps et son esprit.

Le Retour sur Terre

Après son incroyable voyage à travers les étoiles, Sam se prépara à retourner sur Terre. Zara et Luno l'accompagnèrent à la navette spatiale, lui offrant un dernier sourire chaleureux. "Souviens-toi de tout ce que tu as appris, Sam. Les étoiles seront toujours là pour te guider," dit Zara.

Lorsqu'il rentra chez lui, il se sentit différent - plus calme, plus confiant, et en paix avec lui-même.
Chaque soir, avant de s'endormir, Sam pratiquait le yoga spatial, se rappelant son voyage magique parmi les étoiles. Il savait que, peu importe les défis de la vie, il pouvait toujours trouver la paix et l'équilibre en se souvenant des leçons des planètes et de ses amis extraterrestres.

Exercice : Aventure Cosmique de Sam

Trouve un endroit tranquille où tu peux t'étendre ou t'asseoir confortablement. Ferme les yeux et imagine-toi entouré d'étoiles scintillantes, prêt pour ton voyage dans l'espace.

La Posture de l'Arbre sur Jupiter:
Debout, place le pied d'une jambe contre le genou ou la cuisse de l'autre jambe. Imagine que tes pieds s'enfoncent dans le sol comme des racines.

Étire tes bras vers le ciel comme des branches atteignant les étoiles. Respire profondément, te sentant stable et puissant comme Jupiter.

La Posture du Guerrier sur Mars:
Écarte légèrement tes pieds, tourne un pied vers l'extérieur et plie le genou. Étends un bras devant toi et l'autre derrière, comme si tu te préparais pour une aventure courageuse sur Mars.

Respire profondément, ressentant la force et le courage couler dans tes veines.

La Posture du Papillon sur Vénus:

Assis, joins les pieds ensemble et laisse tes genoux tomber doucement de chaque côté. Imagine-toi comme un papillon doux et paisible, flottant dans l'air amoureux de Vénus.

Respire calmement, sentant la paix et l'amour envahir ton cœur.

Respiration Lunaire:

Inspiré par la tranquillité de la lune, inspire profondément par le nez et expire lentement par la bouche. Imagine chaque respiration comme une vague de calme et de sérénité venant de l'espace.

Visualisation des Étoiles:

Allongé ou assis confortablement, imagine que tu es entouré par l'univers, flottant parmi les étoiles. Chaque étoile est une source de lumière et d'énergie, te guidant vers la paix intérieure.

Pour Finir:

Doucement, ramène ton attention à l'endroit où tu es. Bouge légèrement tes mains et tes pieds, et quand tu es prêt, ouvre les yeux.

La Forêt Murmurante de Noé

Dans le doux crépuscule de l'été, Noé, un garçon à l'esprit vif et aventurier, se trouva devant une forêt ancienne et mystérieuse.

Les arbres, hauts et majestueux, semblaient chuchoter des histoires secrètes portées par le vent. Intrigué par ces murmures, Noé franchit le seuil de la forêt, ses pieds foulant doucement le tapis de feuilles et de mousse.

"Écoute," lui soufflait la brise. "Écoute ton cœur, écoute ton souffle." Noé s'arrêta, ferma les yeux et prit une profonde inspiration. Il sentit l'air frais de la forêt remplir ses poumons, apportant une sensation de fraîcheur à tout son corps.

"Respire avec moi," chuchota la forêt. Noé inspira lentement, comptant jusqu'à quatre, puis expira tout aussi lentement. Avec chaque respiration, il se sentit plus ancré dans le moment présent, plus en harmonie avec la forêt paisible qui l'entourait.

Le Chêne et la Respiration Consciente

Alors que Noé avançait, il rencontra un vieux chêne, dont les branches s'étendaient comme pour l'accueillir. "Bienvenue, Noé," murmura le chêne d'une voix profonde et apaisante. "Je suis le gardien de la respiration consciente. Joins-toi à moi dans cet exercice."

Le chêne invita Noé à s'asseoir. "Concentre-toi sur ta respiration," dit le chêne. "Sens l'air entrer dans tes narines, remplir tes poumons, et ressortir doucement. Imagine que chaque souffle est un lien entre toi et la nature."
Noé obéit, sentant chaque inspiration et expiration le connecter plus profondément à la terre et au ciel.

Le Saule et la Relaxation Musculaire

Noé continua son exploration et arriva sous un grand saule pleureur, dont les branches tombaient gracieusement vers le sol, comme des cascades de feuilles vertes. Le saule, avec une voix douce et mélodieuse, accueillit Noé. "Je suis le Saule de la Relaxation Musculaire. Laisse-moi te montrer comment relâcher la tension de ton corps."

"Commence par te concentrer sur tes pieds," guida le saule. "contractes les muscles de tes pieds aussi fort que tu peux, puis relâche les." Noé s'exécuta, sentant la tension s'échapper de ses pieds. "Maintenant, fais la même chose avec tes jambes, tes bras, ton ventre, et jusqu'au sommet de ta tête."

À chaque étape, Noé tendait puis relâchait ses muscles, sentant une vague de relaxation se propager dans tout son corps.

Le Bouleau et la Pleine Conscience

Après avoir quitté le saule, Noé rencontra un bouleau élancé. Le bouleau, parlant d'une voix claire et joyeuse, proposa à Noé un exercice de pleine conscience.

"Marche lentement autour de moi," dit le bouleau. "Avec chaque pas, sens le contact de tes pieds avec la terre. Écoute le son de ta respiration, observe les ombres et la lumière jouant à travers les feuilles."

Noé suivit ces instructions, marchant lentement et consciemment. Il prit le temps de remarquer chaque sensation, chaque son, chaque rayon de lumière filtrant à travers les branches. Cet exercice l'aida à se sentir profondément connecté à l'instant présent à la forêt.

La Clairière de la Paix

Après son voyage à travers la forêt, Noé s'allongea, regardant le ciel bleu parsemé de nuages légers. Il ferma les yeux et commença à rassembler toutes les leçons apprises dans la forêt. Il respira profondément, se rappelant la sagesse du vieux chêne. Il détendit consciemment chaque muscle de son corps, repensant aux conseils du saule. Et il se concentra sur le moment présent, se souvenant de la marche consciente guidée par le bouleau.

Alors qu'il s'abandonnait à ces pratiques, Noé sentit son corps devenir léger et son esprit clair. Tous les soucis, toutes les tensions semblaient s'évanouir, laissant place à un sommeil profond.

Exercice : Voyage avec Noé dans la Forêt Murmurante

Respiration avec le Chêne:
Assis confortablement, ferme les yeux. Imagine-toi assis à la base d'un vieux chêne dans une forêt paisible.

Respire profondément, comptant jusqu'à quatre à l'inspiration, puis expire lentement, aussi en comptant jusqu'à quatre. Imagine chaque souffle comme un lien entre toi et la nature, apportant calme et sérénité.

Relaxation Musculaire avec le Saule:
Toujours dans ta posture confortable, concentre-toi sur tes pieds. Tends les muscles aussi fort que possible, puis relâche complètement. Sens la tension s'échapper avec la relaxation.

Répète l'exercice en remontant progressivement le long de ton corps, des pieds jusqu'à la tête, comme guidé par le doux murmure du saule.

Pleine Conscience avec le Bouleau:

Imagine-toi marchant lentement autour d'un bouleau. Avec chaque pas, sens le contact de tes pieds avec le sol de la forêt. Écoute les sons de la nature autour de toi, les feuilles qui bruissent, le chant des oiseaux.

Observe les ombres et les lumières à travers les feuilles, restant pleinement présent dans ce moment de connexion avec la forêt.

La Clairière de la Paix:

Visualise-toi allongé dans une clairière paisible, regardant le ciel à travers les branches des arbres. Respire profondément, intégrant les leçons de la forêt.

Laisse la sérénité de l'espace envahir chaque partie de ton être, sentant ton corps léger et ton esprit clair. Les murmures de la forêt t'encouragent à lâcher prise et à te relaxer pleinement.

Doucement, commence à ramener ton attention à l'espace autour de toi. Bouge lentement tes doigts et tes orteils, puis ouvre les yeux quand tu te sens prêt.

Le Royaume de la Sérénité de Zoé

Au cœur d'un après-midi ensoleillé, alors que le jardin de Zoé scintillait sous les rayons doux du soleil, elle trouva une petite porte cachée derrière un buisson fleuri.

Poussée par une curiosité insatiable, Zoé ouvrit la porte et se retrouva transportée dans un monde inconnu et merveilleux. C'était un royaume paisible, un lieu où le temps semblait suspendu et l'air vibrer de sérénité.

Dans ce royaume, les couleurs étaient plus vives, les sons plus mélodieux, et l'air embaumé d'une douce fragrance de fleurs. Zoé sentit immédiatement une vague de paix l'envahir. Elle savait qu'elle était sur le point de vivre une aventure extraordinaire, une aventure qui lui enseignerait l'art de la sérénité.

Le Chat et la Posture du Cobra

Alors que Zoé explorait les sentiers sinueux du royaume, elle rencontra un chat élégant et gracieux, dont les yeux scintillaient de malice. "Bienvenue, Zoé, dans notre royaume de paix," ronronna le chat. "Je suis ici pour te montrer la première posture de yoga, celle du Cobra, qui ouvrira ton cœur et fortifiera ton dos."

Zoé suivit attentivement les instructions du chat. Elle s'allongea sur le ventre, plaça ses mains sous ses épaules et souleva doucement son buste en inspirant profondément.

"Respire lentement et régulièrement," conseilla le chat. "Sens l'énergie circuler dans ton corps." Zoé obéit, et à chaque respiration, elle se sentit plus détendue et plus vivante.

L'Oiseau et la Posture de l'Arbre

Poursuivant son chemin à travers le royaume, Zoé rencontra un oiseau aux plumes chatoyantes, perché sur une branche élevée. L'oiseau gazouilla joyeusement en la voyant et s'envola pour se poser doucement à ses côtés. "Je suis l'Oiseau de l'Équilibre," chanta-t-il. "Laisse-moi t'enseigner la Posture de l'Arbre pour t'aider à trouver l'équilibre et la tranquillité."

Zoé se mit debout, attentive aux conseils de l'oiseau. "Place le pied de ta jambe levée contre l'intérieur de ton genou ou de ta cuisse, mais jamais sur ton genou," expliqua l'oiseau. "Levez les bras au-dessus de ta tête, comme des branches atteignant le ciel."

En imitant la posture, Zoé sentit ses pieds s'enraciner dans le sol, tandis que ses bras s'élevaient gracieusement vers le ciel. Elle respira profondément, se sentant stable et sereine, comme un arbre.

Le Papillon et la Posture du Guerrier

Plus loin dans le royaume, Zoé aperçut un papillon aux ailes multicolores, dansant dans l'air. Le papillon se posa délicatement sur son épaule et lui murmura : "Je suis le Papillon de la Force. Viens, je vais t'apprendre la Posture du Guerrier, pour te donner force et courage."

Zoé écouta attentivement alors que le papillon lui guidait à travers la posture. "Écarte tes pieds et tourne un pied vers l'extérieur. Plie le genou de cette jambe et tend les bras, un vers l'avant et l'autre vers l'arrière, comme si tu étais un guerrier courageux et déterminé."

En prenant cette posture, Zoé se sentit puissante et confiante, ses bras étendus comme les ailes d'un papillon prêt à s'envoler. Chaque respiration renforçait son sentiment de force intérieure et de détermination.

La Paix du Royaume

Après avoir appris les postures du Cobra, de l'Arbre, et du Guerrier, Zoé se sentit remplie d'une nouvelle énergie et d'une paix intérieure profonde.

Dans un jardin, Zoé s'assit sur l'herbe douce, fermant doucement les yeux pour réfléchir à son voyage.

"Chaque posture est un cadeau," pensa Zoé.

Alors que la nuit tombait, Zoé sentit que le royaume lui avait offert un trésor inestimable : la clé pour atteindre la sérénité et l'équilibre, non seulement dans ce monde magique, mais aussi dans sa vie quotidienne.

Exercice : Voyage dans le Royaume de la Sérénité

Trouve un espace calme où tu peux t'asseoir ou t'allonger confortablement. Ferme les yeux et prends quelques respirations profondes pour commencer à te détendre.

La Posture du Cobra avec le Chat:
Position: Allonge-toi sur le ventre, les mains sous les épaules.
Mouvement: En inspirant, soulève doucement ton buste du sol, étirant ton dos comme un cobra élancé.

Imagine que tu es dans le royaume enchanteur, apprenant la force et la flexibilité auprès du chat sage

La Posture de l'Arbre avec l'Oiseau:
Debout, place le pied de ta jambe levée contre l'intérieur de l'autre jambe, en évitant le genou.

Tends les bras vers le ciel, comme les branches d'un arbre.

Sens-toi devenir un arbre majestueux dans le royaume, stable et serein, avec l'oiseau chantant dans tes branches.

La Posture du Guerrier avec le Papillon:
Écarte tes pieds, tourne un pied vers l'extérieur et plie le genou. Tends un bras devant toi et l'autre derrière.
Mouvement: Respire profondément, te sentant fort et courageux.

Imagine-toi comme un guerrier vaillant dans le royaume, guidé par le papillon, prêt à affronter tous les défis avec grâce et force.

En finissant ces postures, assieds-toi confortablement et imagine le jardin paisible du royaume, baigné dans la lumière dorée du soleil couchant.

Prends un moment pour réfléchir à ton voyage, ressentant l'harmonie entre ton corps et ton esprit, et la paix qui remplit ton cœur.

Doucement, quand tu te sens prêt, ramène ton attention au présent. Bouge légèrement tes doigts et tes orteils, et ouvre les yeux.

Cet exercice t'invite à un voyage merveilleux à travers le royaume de la sérénité, où tu découvres la force, l'équilibre, et la paix à travers le yoga et l'imagination. Comme Zoé, tu peux emporter les leçons de ce royaume magique dans ta vie quotidienne pour trouver la sérénité à tout moment.

Printed in France by Amazon
Brétigny-sur-Orge, FR

20791364R00051